함께라서 더 행복해!

HEEHEECLUB

이다정 작가는 2019년부터 디지털 드로잉으로 캐릭터 브랜드 '히히클럽'을 운영하며, 귀엽고 따뜻한 그림으로 많은 사랑을 받고 있습니다. 서울일러스트레이션페어를 비롯한 여러 전시와 팝업에서 활발히 활동해 왔고, 다양한 브랜드와 협업하며 히히클럽 친구들의 이야기를 많은 사람들과 나누고 있어요.

이 책은 히히클럽만의 통통 튀는 개성과 감성을 담아 동물 친구들의 특별한 이야기를 전합니다. 자, 이제 히히클럽 친구들과 함께 특별한 순간을 만나 볼까요?

 함께라서 더 행복해!

1판 1쇄 인쇄 2024년 12월 15일 | 1판 1쇄 발행 2024년 12월 25일

지은이 히히클럽 | **발행처** 학산문화사 | **발행인** 정동훈 | **편집인** 여영아
편집 김지현, 김학림, 김상범, 변지현 | **디자인** 김지수 | **제작** 김종훈, 한상국
등록 1995년 7월 1일 제3 - 632호 | **주소** 서울시 동작구 상도로 282
전화 편집 문의 02-828-8823, 8826 영업 문의 02-828-8962 | **팩스** 02-823-5109
홈페이지 http://www.haksanpub.co.kr

ⓒ2024 HEEHEECLUB. All Rights Reserved.

ISBN 979-11-411-4900-0 17650 | ISBN 979-11-411-4899-7 (세트)

※ 이 책은 저작권법에 의해 보호를 받는 저작물이므로 저자와 출판사의 허락 없이
   내용의 전부 혹은 일부를 인용하거나 발췌하는 것을 금합니다.
※ 잘못 만들어진 책은 서점에서 바꿔 드립니다.

일러스튜디오

함께라서 더 행복해!

어젯밤 꿈에서
너랑 함께 꿀벌이 되어
날아다녔어!

시원한 크림소다
한 잔 어때?!

학교에서 빼놓을 수 없는
즐거움은 너랑 만나는
시간이야!

달콤한 멜론과 함께라면
여름이 힘들지 않을지도!?

시원함이 가득한 여름 풍경,
소중한 추억으로 가득해질 거야!

다르면 어때?
함께라서 행복한 친구야!

내 꿈에 찾아와 줘서
고마워.

가을 바람에 톡톡 떨어진 낙엽,
귀여운 춤을 춰요!

힘든 하루를
버티게 해 주는 힘,
아이스 아메리카노!

비밀스러운
보물 창고 같아요!
오늘은 어떤 간식이
기다리고 있을까요?

눈이 올 때만
만날 수 있는 친구!
정말 소중해.

따끈한 만두 어때?
입이 데지 않게 조심해!

무지개로 줄넘기하면
일곱 줄을 한번에
넘어야 할까?

힘들 땐 우리가 네 곁에서
작은 햇살이 되어 줄게.
함께라면 언제나 웃을 수 있을 거야!

방글방글 개성 만점 친구들 중
너의 선택은 누구?

우정은, 비가 와도
언제나 웃을 수 있게 해 주는
무지개 같은 거야!

히히네컷

히히네컷

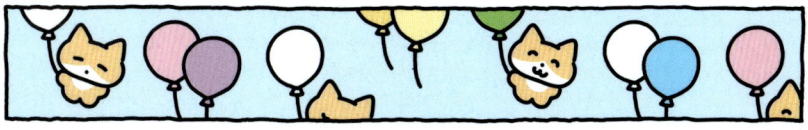

히히클럽의 가입 조건은 '웃음', 단 한 가지.
강철 멘탈도, 용감한 구호도 필요 없죠!
날카로운 이빨과 발톱이 없어도 인생은 행복해요.
가끔 눈물이 나도, 함께 웃다 보면 까맣게 잊어버릴걸요?

자, 그럼 히히클럽 친구들과
지금 이 순간을 추억으로 남겨 볼까요?
하나, 둘, 셋 - 히히!

버터 Butter

★ 생일 2월 23일
★ 취미 요리하기 (주로 칩에게 선물함)
★ 좋아하는 것 연두색, 갓 구운 빵

와플 Waffle

★ 생일 8월 9일
★ 취미 고양이 카페 가기
★ 좋아하는 것
만화책, 땅콩이 들어간 쿠키

베리 Berry

★ 생일 12월 1일
★ 취미 친구에게 편지 쓰기
★ 좋아하는 것
다이어리 꾸미기, 신상 카페 탐방

치즈 Cheese

★ 생일 1월 30일
★ 취미 셀프 인테리어
★ 좋아하는 것
  귀여운 유리컵, 샌드위치

메로 Melo

★ 생일 2월 2일
★ 취미 테니스 (일주일 차)
★ 좋아하는 것
  빨간색, 과일 향이 나는 바디워시

아토 Ato

★ 생일 6월 26일
★ 취미 네컷사진 찍기, 클라이밍
★ 좋아하는 것 친구, 아메리카노

칩 Chip

★ 생일 3월 16일
★ 취미 멍 때리기
★ 좋아하는 것
온종일 누워서 텔레비전 보기

핍 Pip

★ 생일 5월 19일
★ 취미 이마 무늬 예쁘게 그리기
★ 좋아하는 것 구석진 곳 탐방하기

컵 Cup

★ 생일 7월 8일
★ 취미 파티 열기 (주로 아토와 함께함)
★ 좋아하는 것
반짝반짝한 것, 파티 플랜 짜기

머핀 Muffin

★ 생일 11월 19일
★ 취미 오래된 우표 모으기
★ 좋아하는 것
보라색, 자전거 타고 한강 가기

젤리 Jelly

★ 생일 2월 28일
★ 취미 철인 3종 경기
★ 좋아하는 것
귀여운 수영모 모으기

섀도우 Shadow

★ 생일 11월 11일
★ 취미 번지 점프
★ 좋아하는 것
어두운 곳에서 친구 놀라게 하기

펌킨 Pumpkin

★ 생일 10월 16일
★ 취미 독서 (주로 인문학)
★ 좋아하는 것 사회 현상 토론하기

오레오 Oreo

★ 생일 5월 5일
★ 취미 호러 영상 찾아보기
★ 좋아하는 것 레몬, 추리 영화

토스트 Toast

★ 생일 4월 14일
★ 취미 밤하늘 보기
  (언젠가 달에 가는 것이 꿈임)
★ 좋아하는 것 야광 별, 소고기 카레

허니비 Honey bee

★ 생일 6월 27일
★ 취미 보드 타기 (보드 동호회 회장임)
★ 좋아하는 것 회식

데이지 Daisy

★ 생일 9월 30일
★ 취미 꽃 사진 찍기
★ 좋아하는 것
　바나나, 골디 사진 찍어 주기

푸딩 Pudding

★ 생일 12월 24일
★ 취미 하트 모양 물건 수집하기
★ 좋아하는 것
　소품 숍 구경, 귀여운 열쇠고리

키위 Kiwi

★ 생일 8월 15일
★ 취미 머랭 쿠키 만들기
★ 좋아하는 것
  단호박, 가만히 누워 있기

피치 Peach

★ 생일 11월 20일
★ 취미 트렌드 서치하기
★ 좋아하는 것 딸기 향이 나는 향수

링고 Ringo

★ 생일 4월 28일
★ 취미 먹기
★ 좋아하는 것 먹기

요거트 Yogurt

- ★ 생일 8월 15일
- ★ 취미 음악 감상, 독서, 뜨개질, 운동 (러닝), 해외여행, 동전 모으기, 스크랩하기, 원데이 클래스 듣기, 일기 쓰기, 코딩 공부하기 (한 달 차)
- ★ 좋아하는 것 영자 신문 스크랩하기

코코아 Cocoa

- ★ 생일 9월 28일
- ★ 취미 버스 여행
- ★ 좋아하는 것 누구보다 많이 말하기

포도 Podo

- ★ 생일 ?
- ★ 취미 ?
- ★ 좋아하는 것 ?

골디 Goldie

★ 생일 12월 30일
★ 취미 축구 (미드필더)
★ 좋아하는 것
  틈만 나면 축구화 쇼핑하기

스카이 Sky

★ 생일 6월 3일
★ 취미 등산
★ 좋아하는 것
  노란색, 높은 곳에서 낮잠 자기

스노우볼 Snow ball

★ 생일 1월 1일
★ 취미 옥상에서 상추 키우기
  (토마토는 실패함)
★ 좋아하는 것 반신욕, 꼿꼿이